Une
stoire à lire
tout seul

Niveau 1

La m...
de Noé

D0563380

Éric Battut
Professeur des écoles

www.**orthographe-**
recommandee.info

JFR Battu

Battut, E.
Le malle de Noe.

FSC

MIXTE
Papier issu de
sources responsables
FSC® C022030

www.fsc.org

PRICE: $7.94 (3710/fr/la)

Nathan

Noé a une malle.

Elle réunit

sa fortune.

Il a mis un lasso
et une épée.
Il a mis une moto
et une momie.
Il a mis une armure
et un piano.

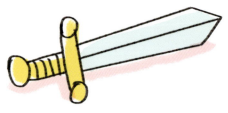

Il a mis
un bébé baobab.
Il a mis un joli pirate.
Il a mis
des écus dorés.

Mila sonne
à la porte.
Noé est assis
sur sa malle
car il dissimule
sa fortune.

Mila arrive.

Noé ne se lève pas.

Mila est à côté de Noé.

Un cri sort
de la malle.
« Je veux sortir ! »
Mila est étonnée.

Mila dit : « Je rêve ! »

Noé ne parle pas.

Il ne remue pas.

Le cri de la malle

répète :

« Noé ! Je veux

sortir !! »

Le pirate est en

 colère.

Mila n'est pas
rassurée.
Noé ne dit pas
un mot.

Alors le pirate

a une idée.

Il dit :

« Bébé baobab,

déplie ta ramure* ! »

---

* Ramure : ensemble des branches de l'arbre.

Alors le petit
baobab se déplie.
Il est énorme !
« Patatras ! »

Le joli pirate salue

Mila étonnée.

Noé distribue
les écus.

La malle est vide.

Et la fortune ?

Elle est libérée.

Et elle a réuni

les amis.

Qu'as-tu retenu de l'histoire ?

Où se passe cette histoire ?
Chez Noé.

Cite trois objets que Noé
a mis dans sa malle.
*Un lasso, une momie, une épée, une armure,
un piano, un baobab, un pirate, des écus.*

Pourquoi Noé reste-t-il assis
sur sa malle ?
*Car il ne veut pas que Mila regarde
à l'intérieur de la malle.*

Qui dit : « Je veux sortir » ?
C'est le pirate.

Finalement, qui va ouvrir la malle ?
Le baobab, en déployant ses branches.

Pourquoi les personnages
peuvent-ils manger les écus ?
Parce que les écus sont en chocolat.

Quels objets appartenant à Noé
aimerais-tu avoir ?

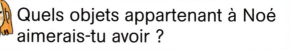

Création maquette et mise en pages : Céline Julien
© Nathan, 2017 – ISBN : 2-09-193228-6
N° d'éditeur : 10231243 – Juin 2017 – Imprimé en France par Pollina - 80930